# Mein Kurztagebuch

## für mehr Glück und Achtsamkeit im Alltag

Dieses Buch gehört/bei Verlust bitte senden an:

Name:

Adresse:

# Lebensweite

Mein Kurztagebuch

Dankbarkeit

Achtsamkeit

Freude

Glück

Erfolg

Veränderung

©2019 Christine Pauligk, Germering
Herstellung und Verlag: BoD – Books on Demand
GmbH, In de Tarpen 42, 22848 Norderstedt
ISBN: 978-3-7322-3336-6

Titelfoto: © Christine Pauligk

Besuchen Sie uns im Internet unter: lebensweite.de

**Bibliografische Information der Deutschen Nationalbibliothek:**
Die Deutsche Nationalbibliothek verzeichnet diese
Publikation in der Deutschen Nationalbibliografie;
detaillierte bibliografische Daten sind im Internet über
dnb.dnb.de abrufbar.

Dieses Büchlein fördert dein persönliches **Glück** und Wohlbefinden. Es bietet dir Platz zum Notieren

- achtsamer/dankbarer Momente/Dinge und

- glücklicher Augenblicke des heutigen Tages

- deiner Überlegung, was du mehr in dein Leben integrieren möchtest

- deiner Vorfreude auf morgen

- von Zielen der kommenden Woche

- kreativer und sonstiger Ideen

- und, und, und, ...


Als **Anregung** haben wir auf den (noch) leeren Seiten oben eine Achtsamkeit notiert, auf die du dich in der laufenden Woche konzentrieren kannst, wenn du magst.
Jede Seite steht für eine Woche. Dies ist nur eine Idee, keine Vorgabe - je kleiner du schreibst, um so länger hält dein Buch :-)

**Tipp**: notiere jeden Tag entweder drei Dinge, die dich heute glücklich gemacht haben oder auf die du dich morgen freust. Sobald du dies verinnerlicht hast, erweitere deine Tagesreflexion um die Frage, wovon du dir mehr in deinem Leben wünscht.

Du wirst merken, mit der Zeit fällt es dir immer leichter, dich an freudige Momente zu erinnern. Und sobald du deine Wünsche klarer formulierst, wirst du sie mehr und mehr in dein Leben ziehen!


Auch kannst du dein Ziel nicht nur formulieren, sondern mit einem Gefühl verbinden. Dies haftet noch besser im Bewusstsein – und es macht zudem jede Menge Spaß, zu spüren, wie es sich anfühlt, wenn das Ziel erreicht ist!

# Achtsamkeit 4: Natur

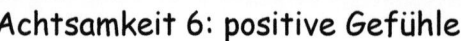

# Achtsamkeit 6: positive Gefühle

.

# Achtsamkeit 8: Geld

# Achtsamkeit 10: Bedürfnisse

# Achtsamkeit 12: unterdrückte Gefühle

# Achtsamkeit 14: Riechen

# Achtsamkeit 16: Schlafensgewohnheiten

# Achtsamkeit 20: Farben

# Achtsamkeit 26: Bewegung

# Achtsamkeit 30: Entscheidung

# Achtsamkeit 34: Atmen

# Achtsamkeit 36: Erfolg

# Achtsamkeit 38: Beziehungsmuster

# Achtsamkeit 40: Strahlende Augen

# Achtsamkeit 42: Entwicklung

Schon geschafft! Wie war deine Reise zu dir selbst, zum Glück, zur Achtsamkeit?

Wir freuen uns, wenn du uns daran teilhaben lässt und dies teilst unter:

https://lebensweite.de

Wenn du ein neues Büchlein benötigst, findest du die aktuelle Ausgabe online auf unserer Website.

# Mehr von Christine Pauligk

Persönliches Touren-
tagebuch für 14 Tage

ISBN: 9783748190738

Mehrtagestouren sind
immer beliebter. Dank GPS
auch einfach planbar.
Oftmals fehlt aber bei
Ausfall der technischen
Geräte das Handfeste. Dieses Tourentagebuch
bietet die Möglichkeit, die Tour vorab in
Kurzform zu notieren. Etliche leere Seiten
dienen dem Festhalten der eigenen Eindrücke
während oder nach der Tour. Weitere Seiten für
Verbesserungsvorschläge der nächsten Tour wie
auch Platz für eine Einkaufsliste runden das Buch
ab.

Und falls gerade in den Bergen mal das
Handynetz versagt oder auch die Sprachbarriere
zu groß ist, hilft diese visuelle Notiz weiter.

# Blog Lebensweite.de

Online unter

**lebensweite.de**

gibt es Anregungen rund um die Themen:

- Leben

- Fühlen

- Dankbarkeit

- Achtsamkeit

- Selbstfürsorge

- (Selbst-)Liebe

- Glück und Freude

- Fühlen

- Motivation

- Mut

- Natur und Outdoor

- Umwelt und Nachhaltigkeit

- Freiheit

# Buchempfehlung

**Kimberly Wilke:**
**Kennenlernen**

In meinem ersten Buch geht es darum, sich wirklich mit sich zu beschäftigen, sich kennen und lieben zu lernen.

Um die Ablenkung so gering wie möglich zu halten, gibt es eine Frage auf einer Doppelseite und dementsprechend genug Platz, um diese Frage zu beantworten. Zum Beispiel geht es um die eigenen Werte, Ratschläge, Komplimente und schöne Erinnerungen.

Ich biete das Buch zum Preis von 5,-€ (plus Versandkosten) an, denn ich möchte, dass sich jeder dieses Buch wert ist.

Homepage und Online-Shop sind *Kimspiration* im Aufbau, bestellt werden kann per E-Mail: info@kimspiration.eu